AF436339

9 798616 070234